Julien Musolino

Digital Ink

À mes parents, qui m'ont initié à la lecture.

À Marshall Bruce Mathers III,
Claude Honoré M'Barali et tant d'autres
pour m'avoir donné envie de jouer avec les mots.

À Simon Bernard, Nicolas Camille,
6ber et Bes Héautontimorouménos
sans qui ce livre n'aurait jamais existé.

Sommaire

Paresseux, le soleil se lève
Pour un nouveau jour,
Une nouvelle ère, illuminant le monde
De splendeur, de beauté.

Subjugué, je prends en main
Ni la plume ni le papier
Mais l'écran et le clavier
Pour figer mes pensées,
Comme l'ont fait, par le passé,
Les poètes et les prêtres.
Tel était l'art de ces grands maîtres
Pour conter et transmettre
Les histoires, les épopées
Et les exploits qui ont compté ;
Pour faire revivre en rime
La vie d'un roi, un odieux crime,
D'une dame les charmes
Et de la guerre le vacarme ;
La magie d'une nuit d'été
Ou la rigueur d'un soir d'hiver ;
D'un ciel constellé d'étoiles,
De ces toiles de neige
Qui tissent de glace leurs pièges
Et couvrent la terre d'un blanc manteau.

Bien au chaud près de l'âtre,
De son parfum, de sa fumée,
De la marmite et son fumet,
J'attends sagement mon tour.

Tous ces sonnets résonnent encore
Dans mon cœur et dans mon corps.
Mais qu'en reste-t-il sous ma main ?
Des rimes futiles, si peu utiles.
Alors je trime et persévère,
Quitte à paraître fou et sévère.

Dans mes vers aucune verdure,
Et si les temps sont durs,
C'est que la feuille s'est faite mangée
Par le ver et le temps,
Le béton et le ciment.
Si des chants montent des champs,
Les gens et les jeux ont bien changé,
Les cris du tiercé ont remplacé
Les mots doux, les beaux tercets.
Des quatrains pleins d'entrain
Déclamés dans les bois,
Ne reste plus, au matin,
Que la voix de catins aux abois.

Au travers du verre et de l'écran,
Je prends le temps de contempler
Le monde et son écrin,
La vie de mes contemporains,
Leurs combats et leurs larmes,
Leurs espoirs et leurs drames.
C'est à mon tour maintenant de parler,
D'écrire et d'exister.
Le temps d'une page, d'une image,
D'un recueil, d'un ouvrage,
De quelques mots, de quelques pages.

Génération désenchantée

Simple témoin, je prends soin
De saisir l'encre et le stylo
Pour coucher en quelques mots
Les maux d'une nation,
D'une génération en perdition.

Née en paix, elle vit
Au bord du gouffre ;
Chaque jour elle souffre,
Hésite et doute,
À la recherche d'un but,
D'un sens, d'une lutte,
D'un combat à mener
Pour se sentir exister.

Pourtant nos vies sont remplies
De concerts, de sorties,
De films et de séries,
De succès et de gloire.
Mais le miroir est trompeur ;
Il nous répète sans cesse,
Chaque jour, à chaque heure :

Que tout est possible et réalisable
Et c'est à cette douce fable
Qu'ont été nourris nos rêves.
Tout comme l'air,
La vérité est viciée :
Son nectar s'est transformé
En une sombre ciguë,
En une douleur aiguë
Qui serpente dans nos corps,
Dans nos cœurs et dans nos vies.
C'est son vide qui nous lie,
Nous maintient, nous unit.

Ce malaise, cette peur
A bien des noms,
Prend bien des formes ;
Elle déforme et corrompt,
Rend prompt à la haine,
Au mépris qui nous saigne.

Certains cherchent l'ivresse,
L'adrénaline, la vitesse ;
D'autres enchaînent
Les conquêtes
En quête de vie
Et de sens.

Certains ne ménagent pas leur peine,
Chaque jour se démènent,
Se levant aux aurores
Pour des larmes d'efforts,
Non pas pour vivre ni exister
Mais pour survivre et subsister.
Pour un salaire de misère,
Pour un nouveau jour de galère.

Certains, trop fatigués, renoncent.
Ils choisissent l'ombre et la défonce,
La poudre ou l'aiguille ;
Chaque jour entre les grilles,
Ils sniffent, se piquent ou dealent,
Mettent leur vie en péril,
À la recherche d'une île,
D'un espoir, d'un bonheur,
D'un frisson, d'une lueur,
D'une planche ou d'un salut.

D'autres plus sages errent,
Dans des histoires, des contes,
Des récits imaginaires.
Le temps d'une page,
Ils perdent le compte
Pour enfin vivre une vie
Emplie d'amour, de Fantasy,
D'aventures, de hauts faits d'armes,
De suspense ou de charme,
Ou d'inquiétantes enquêtes
Issus de romans noirs.
Autant de vie et de textes,
Autant d'envies que de prétextes,
Pour coucher sur le papier
Tous ces destins entremêlés,
Toutes ces histoires qui s'entrecroisent.
Et puisqu'il faut faire un choix,
Qu'il faut choisir sa voie,
Je choisis de dépeindre
Ma vie, mon quotidien,
Une simple anecdote
Dans le grand livre de l'Histoire.

Poète souterrain

Dans un monde où tout est digital,
Où tout se dit jetable,
Je table sur le contraire et erre
Dans ces tunnels et ces couloirs,
Dans ce monde souterrain,
Ce grand terrain de jeu
Qui ne voit le jour
Qu'à la lueur des néons,
Des spots, des télés,
Des bandeaux d'informations.

J'y marche, j'y cours,
Le front fier,
À la frontière de l'irréel.
Poète moderne, je traîne
Mon épiderme en berne,
Épiant leur vie sans répit
Car l'ennui ne vient jamais :
Trop de métro passent sans arrêt,
Trop de gens passent sans s'arrêter,
Traçant leur route sans aucun doute.

Alors je monte et coupe
Leur route, leur trajectoire,
Pour capter leurs rêves et leurs espoirs,
Leurs peines, leurs désespoirs.
Les wagons bondés crachent
De sombres tâches ;
Une foule sans nombre s'enfuit
Tandis qu'une foule sans ombre survit,
Les traits tirés, les yeux rivés
Vers une invisible rive
Que seuls leurs yeux parviennent à suivre.

Alors sans bruit, je dévisage
Tous ces visages sans âge.
Certains écoutent des voix qu'ils ne voient pas ;
J'entends clairement leurs discussions,
Qui vont et viennent à chaque station.
Je voyage au rythme de leurs mots.
Parti de Rennes, voilà Varennes
Quand mon esprit flanche à Maison Blanche
Et me réveille l'œil humide
Aux pieds des Pyramides.

Je vois la joie dans les doigts qui s'entrecroisent,
Dans les regards complices qui s'esquissent,
Dans les baisers volés à la volée.
Je vois les drames qui prennent les âmes ;
De cette femme qui quitte la rame,
De cet homme qui fond en larmes
Et se rend compte qu'il l'aimait trop
Ou pense à prendre l'ultime métro ;
De ces filles ivres qui livrent leur vie
À corps et à cris,
Sans la moindre retenue,
Dans la plus petite des tenues ;
De ces touristes qui suivent le jeu de piste

D'un triste plan,
D'une ligne bleue ou verte,
Ouverte ou en travaux.

Si vous voyez au gré de vos voyages,
Un de ces gratteurs de papier
Qui, entre deux sièges, assiègent les rêves
Et qui écrivent sans aucune trêve,
Noircissant les lignes de leurs pages,
Peignant leur propre paysage,
Un monde de mille couleurs,
Par joie, par jeu ou par peur,
Adressez-lui un sourire
Car c'est peut-être votre histoire,
Qu'il fixe dans sa mémoire.

Succès 2.0

Je ne suis qu'un homme bien ordinaire
Qui a grandi loin de la guerre,
Des bombes et du fracas ;
D'une génération à qui on a fait croire
Que la gloire était possible,
Que l'avenir serait radieux,
Qu'il exhausserait nos vœux ;
Que chaque aube serait plus belle que la veille
Que notre pierre à l'édifice
Serait visible sur tous les édifices,
Sans sueur, sans sacrifice.

Mais la ruée vers l'or est loin,
Chaque jour en est témoin.
L'or et sa fièvre
Ne nourrissent plus les rêves.
L'avenir est ailleurs,

Il n'est plus dans les mains
De l'homme ou de l'orpailleur
Mais sur les doigts délicats
De millions d'ados,
D'avatars, de pseudos,
Qui s'acharnent sur le dos
De leur souris magique
Pour faire naître en un clic
Un ange de pixels
Aussi beau qu'artificiel,
Une toute nouvelle icône
Dont le visage éclaire les dômes
De sa candeur, de sa beauté,
De son apparente virginité.

Le monde entier est rivé
Sur le net et la télé.
Voici venir sans coup férir,
La nouvelle fable, la nouvelle fée.
Elle qui voulait chanter et danser,
Elle a bien vite déchanté.
Seuls quelques-unes seront élues,
Car les premiers seront primés
En prime time et en direct.

Mais notre bonne fée
N'a jamais vraiment compté,
Malgré son envie, sa volonté.
Elle a plongé, elle s'est noyée,
À trop vouloir cette vie,
Elle a perdu son souffle,
Elle a perdu sa voie,

Elle a fini,
Entre Las Vegas et Miami,
Dans une villa emplie de Ch'tis
— L'éphémère gloire est à ce prix.

Aujourd'hui,

j'ai 30 ans

30 ans, qu'est-ce que ce laps de temps dans une vie, une centurie ? Certainement rien. D'autres ont vécu bien plus longtemps. Certains ont fait plus, sont allés beaucoup plus loin et pourtant, pour rien au monde je ne changerais *mon monde*.

Comme tant d'autres avant moi, je noircis des pages, ajoute le meilleur de ma mémoire au grand livre de notre histoire. Je profite de l'occasion pour faire le point et la virgule, pour repousser toute mauvaise pensée, pour me plonger dans la rivière de mon passé.

À bien y réfléchir, il s'en est passé des grains, du temps, des évènements, dans le grand sablier de ces trente ans.

Bien trop jeune pour comprendre, j'ai vu la chute d'un mur, d'un pan d'Histoire. En un soir, un monde s'est réuni, s'est rassemblé, dans un plus grand ensemble avec un but commun : grandir ensemble.

Trop petit, à cette époque, je rêve et je tremble. Je me perds dans ces contes et ces légendes, dans ces histoires qui, le soir, me donnent la *Chair de Poule* et laissent mes yeux ouverts, à la recherche du monstre caché. Le parquet, la pluie, le vent et cette immense armoire d'où, j'en suis sûr, il peut me voir. Le noir est son domaine, il me mène par le bout du nez, pour faire de moi son prochain trophée. Trop fier, je lutte et je veille, jusqu'à ce que le sommeil s'empare de moi.

Les mois puis les années ont passé, les monstres et leurs alliés ont trépassé.

Voici venir l'époque des potes et du collège, de son cortège d'heures de colle vissé au siège. Pris au piège, entre Thales et Pythagore - ce triangle est-il encore vraiment rectangle ? Par tous les angles, j'accuse ! C'est la faute à cette salope d'hypoténuse ! Mais j'y pense… et si j'y pense, j'y suis ! a dit un jour un homme qui jouait des cartes et du triangle.

Mais je m'égare car été comme hiver, peu importe l'heure et le temps, c'est dans la rue que nous étions. Pour retrouver notre habitude. Fouler le sol et le bitume, le pied avide, la tête levée, pour délivrer la plus belle passe, le plus beau tir. C'était le temps du ballon, du beau football où les goals étaient volants. Où l'équipe-type était en fait une joyeuse fête, faite de tous les types, de tous les âges, unis par une joie simple et son partage.

Quelques années plus tard, sous la vieille dame de fer, j'ai vu un nouveau millénaire. Illuminé de mille feux et d'artifices. Un spectacle sans aucune tâche, auquel aujourd'hui encore mon cœur s'attache.

De l'attache il en faudra, car le nouveau millénaire ne sera pas une ère de paix et de prospérité comme annoncé. Comme beaucoup mon cœur s'est arrêté.

Pour la première fois, mes yeux se sont noyés lorsqu'en rentrant des cours, j'ai vu ces tours mises à terre par des oiseaux de fer, fendant les airs et le béton, semant la mort, la destruction.

En ce triste jour, le monde a basculé, malgré la peine il faut savoir se relever.

Voici venir une nouvelle époque, une nouvelle épopée :
celle du lycée.

Les fous-rires, les copains, les jeux de mots sont légions.
Les profs nous apostrophent, tentent tant bien que mal
de nous enseigner tous leurs préceptes. Tous ces concepts
qui donnent l'air moins con, certes, mais dont beaucoup
nous déconcertent. Avec Olari, qu'est-ce qu'on on a ri
en découvrant Karl Marx, Tocqueville et les grappes de
Schumpeter. En découvrant avec Bartissol que toutes
seules, les tables disparaissent quand vous quittez la pièce.

Le lycée, cette pièce maîtresse qui n'a de cesse de faire
sourire. Mais les souvenirs ne font pas vivre. Aussi faut-il
voir bien plus loin pour subvenir à ses besoins.

Place à la fac, aux écoles, pour tenter de récolter une po-
sition sur le marché. La marche est haute mais après des
milliers d'heures d'un dur labeur, voici enfin venir la fin.
Place à la vie active, la voie à suivre, de gré ou de force.

Force est de constater que ce nouveau monde est bien
étrange, mais par Tolkien, pour rien au monde, je ne veux
qu'il me change ! Malgré les peurs et les doutes, coûte que
coûte, je poursuivrai ma route. T.U, A.E, J.P.A, autant de
petites lettres pour de grands êtres, de grandes et belles
aventures qui aujourd'hui encore perdurent.

Les mois défilent, puis les années, je fais maintenant partie de cette génération dorée. De celle qui n'a jamais connu de guerre comme naguère nos grands-pères. Eux qui se sont battus et sont tombés, pour sauver nos vies, nos libertés.

Ce glorieux passé semble bien loin et pourtant, en temps de paix, j'ai vu la mort et la terreur. Je n'y étais pas et pourtant j'ai vu le trépas ; j'ai vu mes semblables tomber sous les balles. J'ai vu mon innocence partir sous les tirs. Où est donc passé Charlie dans ce cache-cache sanglant ? Il a laissé les traces de sa peur et sa souffrance au stade de France. Il a laissé un sanglant plan, du Bataclan à Nice, sans autre indice.

La peine est indicible. Même pris pour cible, nous ferons face, nous ferons front, unis malgré la haine pour affronter tous les dangers.

Les temps ont bien changé au cours de ces courtes trente années. Que réserve l'avenir ? Personne ne peut le dire, mais je compte bien continuer d'en rire. De l'écrire, par ma plume ou ma voix pour, chaque jour, tracer ma voie, pour profiter de chaque moment, de chaque instant, dès maintenant.

Le Rêve Bleu

On m'a parlé de cet Eldorado,
Un monde lointain et bleuté
Qui émerveille les sens et la pensée.
Est-ce possible ou insensé ?
Est-ce un mirage, une vérité ?

J'en ai toujours rêvé :
Faire partie de ces explorateurs,
De ceux qui vivent des aventures,
Évitent la guerre et la censure,
Voyagent et vagabondent ;
De ceux qui parcourent le monde,
Le pied avide, leurs rêves en main ;
De ceux qui osent vivre leur lendemain,
Qui dorment dans des tentes
Et traversent des océans,
Là où d'autres se contentent
D'être assis sur leur séant.
Moi qui pensais me dépenser,
Aimer, vivre et voyager,
Me perdre pour mieux me retrouver,
Trouver le savoir et la sagesse,

On m'a donné une simple adresse,
Un nom et un clavier,
Pour tutoyer les sommets,
Pour partager mon âme, mon profil,
Pour découvrir les fils
Qui tissent la trame
Du monde et de sa ronde.

C'est une drôle d'histoire que je découvre :
Les mêmes infos, les mêmes mots
Sont partagés, retweetés,
En une masse, une même nasse.
Dans une guerre d'égos,
De clans et de communautés
Où la haine a remplacé l'union,
Où dominent la peur, la désunion.
La vérité n'appartient plus
À celui qui se lève
Mais bien à celui qui soulève
Les foules et les passions,
Qui assène ses vérités
Avec la plus grande sévérité,
Avec un air contrit et choqué.

« Je pense donc je suis » disait Descartes.
Mais l'oiseau a délaissé ses cartes,
Est devenu moqueur,
Et a cessé de battre
De ses ailes,
De voler et de lutter.
Il ne pense plus, il suit.

Il suit
Les tendances et les courants,
La mode et les gens.
Car il est plus important
Maintenant
De paraître
Que d'être.
Force est de reconnaître
Que l'horizon de nos rêves
S'est transformé jusqu'à former
Une oraison funèbre
Qui engloutit nos vies,
Nos espoirs, notre raison.

Tout comme l'époque,
La pensée s'est réduite
À cent quarante caractères
Bien terre-à-terre.
Aussi,
Puisque mes mots sont décomptés,
Je ne peux que vous conter
L'histoire de cet homme,
De cet explorateur
Qui voulait faire le tour de la terre
Contre vent et marées,
Il a navigué pour trouver
Sa d |

Note : À l'origine, un message sur la plateforme Twitter était limité à 140 caractères.

Instant Tanné

Je veux être au cœur de l'action,
Vivre ma vie, mes passions,
De toute mon âme et mes tripes,
À fond.
Partager mes rêves et mes drames,
C'est décidé, messieurs mesdames,
Demain je me lance sur Instagram !

Je teste et me connecte,
Fais défiler les comptes,
Le fil et les photos
De ces vies exposées,
De ces sourires fièrement posés.
Moi aussi je veux sentir
Cette immense joie,
Cette grande fierté,
Rien qu'un instant - être aimé.

Je me lance et je partage,
J'immortalise ma vie,
Ces rues, Ces cages,
Toutes ces marches et ces étages
Où j'ai si souvent sué.

Mais le compte n'y est pas,
Comme ma vie les chiffres ne décollent pas.

Peu à peu, je comprends :
Il faut rester le même, en différent.
Je le sais, je le veux,
Je mérite votre attention.
Alors je coupe, j'embellis,
Je publie des morceaux choisis,
Et peu à peu arrive la magie.
Les cœurs apparaissent,
S'accrochent à mes posts,
Font chavirer mon cœur !
Je le ressens enfin, ce bonheur,
Ce doux frisson, cette addiction.

Le virus s'empare de moi,
Utilise ma vie et mes doigts.
Clic ! J'immortalise mon plat !
De l'entrée au dessert - à refaire -,
Le verre sort du cadre,
De la photo, de l'action,
De la plus pure des perfections.
Très vite tout s'enchaîne,
Tout est prétexte :
Une photo, un court texte,
Un bon mot, un tag,
Et j'attends la vague
De cœurs et d'affections
Pour oublier ma peine, mes afflictions.

Dring ! Le réveil sonne !
Tête relevée,
Légèrement inclinée,
Lèvres retroussées, sourire en coin,
Tout est parfait !
De nuit comme de jour,
J'ai besoin de cet amour,
Pour me sentir vivre et exister,
Pour me sentir aimé.

Chaque nouvelle journée,
J'enchaîne les poses et les posts,
En public, avec mes proches,
En week-end, en vacances,
- Jamais le rythme ne flanche ! -
Et si par malheur
Je rate l'heure,
Ce sont les cœurs que je perds,
Ma boussole, mon repère !
Plus rien n'a d'intérêt ni de sens,
Plus je pleure et plus je pense
À mes envies, ma vie d'avant,
Simple et banale,
Unique, originale.

Les souvenirs s'écoulent
En un torrent de larmes,
Ma vie est devenue un drame :
Instagram.

Faux ami

Partout sur terre j'ai des amis :
De Paris à Bombay,
De New York à Miami.
Je commente, je like, j'écris.
Tout s'échange, tout se partage
Sans pudeur, sans ambages.
Ma vie est un musée
Que j'affiche et expose
Aux yeux de tous, sans artifice ;
Tout est visible, tout est public,
À la portée d'un œil,
À la portée d'un clic.

Ça y est ! C'est mon anniversaire !
Les messages s'étalent
En ce jour si spécial ;
Des mots, des commentaires,
Originaux ou terre-à-terre ;
Tant de gens pensent à moi,
Autant d'amis et d'émois,
Pourtant j'entends
Si peu de bruit, si peu de voix…

Une dernière fois, j'organise
Un évènement, une fête surprise,
Pour s'amuser, se retrouver.
Tous mes amis étaient conviés,
Tous étaient intéressés
Mais tous m'ont délaissé,
Terrassés par une grippe, une gastro,
Un mauvais clic ou un restau,
Certains sans même un mot,
Une excuse ou un regret.
La fête s'est dissipée,
Comme mes espoirs, elle fut broyée.
Moi qui pensais être entouré
D'amour et d'amitié,
Je réalise
Que j'idéalise.
Seules les publicités
M'ont bien ciblé.

Qui sait vraiment
Quand la machine s'est enrayée,
Quand tout a dérapé ?
Quand l'idée s'est transformée
En une hydre affamée
De profils, de données,
Qui avale le fil de nos vies,
Qui chaque seconde ingurgite
Nos souvenirs de fêtes,
Nos souvenirs de cuites,
Pour nourrir l'algorithme
Qui bat le rythme et la mesure
D'une entité aux buts obscurs ?
Mais la pomme n'était pas mûre,
Le ver s'est immiscé
Dans nos intimités.

Belle en apparence,
La vérité est mensongère :
Elle enferme nos songes, nos commentaires
Dans une bulle, une certitude,
Qui enserre notre vigilance,
Elle qui chaque jour réduit
Notre attention et nos sens.

Comment faire pour me sortir
De ce fil et son confort,
De savoir sans effort
Même si la solution m'effraie ?
Au fond de moi, je sais.
Il faut remonter à un temps
Que les moins de vingt ans
N'ont sûrement pas connu.

Je prends le risque et j'ose,
Je vérifie et je compose
Un numéro que j'espère gagnant.
Je tousse, j'éclaircis ma voix.

« Allo ? Oui, ça fait longtemps !
Moi ça va bien,
Et toi ? »

Flash Infaux

Dans les transports, c'est l'heure de pointe,
Lorsque soudain un voile dévoile
Une mèche, une pointe ;
À quelques pas, un peu fou,
Un homme parle tout bas.
À demi-mots, dans sa barbe
Un peu sale, pas bien peignée,
Les cheveux gras, trop dépeignés.

Trop de regards inquisiteurs
Dévisagent ces visiteurs ;
Dans leur viseur :
Une tenue, une djellaba,
Un vêtement bien de là-bas.

Bien vite le jeu de piste
S'enclenche et déclenche
Bien trop de doutes et de questions.
À la recherche d'un mot, d'un signe,
D'une ultime génuflexion,
Une peur qui prend aux tripes,
Simplement parce qu'il n'était pas bien peigné,
Simplement parce qu'elle n'était pas réveillée.

Pourtant cette peur
N'a pas toujours étreint nos cœurs,
Nous qui avions choisi
En toute conscience
De faire confiance ;
Nous qui voulions être informés,
Simplement être formés
À ne jamais baisser la garde,
À toujours garder l'esprit ouvert
Contre les fous, les faux,
Envers et contre tout,
Ne jamais ployer,
La tête ou le genou.

Qui peut vraiment dire
Quand nos cerveaux ont cessé
De vivre et de penser,
D'analyser, de réfléchir,
De toujours chercher
Le meilleur des avenirs.

Si mon cœur bat en BPM,
Alors l'info s'ébat en BFM.
Une triste chaîne que personne n'aime,
Mais que tout le monde regarde
Dans un coin, une lucarne.
Ses caméras sont partout,
C'est son plus grand atout,
Son unique œil veille,
Attentif, il surveille
En direct, en différé.
Jours et nuits, il sévit,
Nous préserve de l'ennui.

À chaque drame c'est la trame,
La même histoire et le même ton,
Les mêmes reproches,
Les mêmes accusations.
Voici venir les vrais experts
Qui se perdent en conjectures
Pour expliquer une nouvelle guerre,
Les raisons de la colère.

Tout le monde parle
À tort et à travers.
D'un simple revers,
Les paroles sont coupées
En une folle cacophonie
Qui emplit les cœurs de haine,
De violence, de mépris.

Chaque minute sans répit,
Leur triste bandeau défile,
Tire sur le fil et la corde,
Nous pousse à la discorde
En prétextant Allah,
Mais jamais Jésus, Jahvé, Bouddha.
Peu à peu la complainte
Laisse sa terrible empreinte,
Peinte de noir et de haine ;
Ce triste miroir qui nous entraîne
Vers la haine et ses bas-fonds,
Elle nous fait perdre la raison,
Emplit nos cœurs et nos maisons
De rancœur, de suspicion.
Il suffit pourtant d'un geste,
D'un simple doigt

D'une ridicule pression,
Pour couper l'image et le son.
Pour à jamais faire taire
Le messie des médias,
De la pub, de l'immédiat.
Pour enfin reprendre en main
Nos vies comme nos destins.

Histoires croisées

Il est étrange de voir comme certains mots mis bout-à-bout expliquent bien des tabous. Certaines rimes tutoient les cimes tandis que d'autres errent sans jamais voir la lumière.

Voici l'histoire du soir où deux récits seront contés. La même base, la même trame, celle des larmes d'une belle dame dont les yeux réveillent la flamme d'une jeune âme mise à mal par les méandres de l'amour.

*

Son regard s'attardait encore sur son corps.
Lorsqu'elle fixa sur lui de grands yeux bleus emplis de larmes,
Il comprit que toute sa vie il avait attendu ce moment,

> *Il comprit que toute sa vie ressemblerait à ce moment,*

Et qu'à jamais sa vie avait changé.

> *Et que jamais sa vie ne changerait.*

Car en cet instant tout a basculé, la foudre s'est abattue.

> *Car en cet instant tout a basculé, la foudre l'a abattu.*

Pour sauver son âme, il serait prêt à traverser le Chemin des Dames

Pour sauver son âme, il devrait arpenter le chemin des damnés

Car il est une âme qui a trouvé sa sœur, un chemin vers le bonheur,

Car il n'est qu'une âme seule qui paye pour une heure de bonheur,

Celle qui repose à ses côtés avec la plus grande des pudeurs.

> *Celle qui repose à ses côtés sans la moindre pudeur.*

S'il le fallait, il serait prêt à prendre les armes pour protéger
sa dulcinée.
Il le ferait sans hésiter car c'est en fait son plus grand souhait.

*S'il le fallait, il serait prêt à rendre les armes pour stopper
sa destinée.*

Il le ferait sans hésiter car c'est en fait son plus grand souhait.

Chaque matin la flamme protège son âme

Chaque matin la flamme consume son âme

Pour le faire basculer vers la plus douce des folies,

Pour le faire basculer vers la pire des folies,

Celle qui s'empare du cœur

Celle qui sépare le cœur,

En des milliers de morceaux, pour en faire un flambeau,

En des milliers de morceaux, pour en faire des lambeaux,

Pour éloigner les fous et les faux,

Pour approcher les fous et la faux,

Pour que jamais cette histoire ne finisse

Pour qu'à jamais cette histoire ne finisse.

Une passion passée

Une passion qui s'est ternie,
Une histoire qui s'éternise.
Un amour qui s'est enfui
Comme l'encre d'un vieil ouvrage ;
Ses pages ont vite vieilli,
Frappées par les intempéries,
Brisées par la pluie et le vent,
Le quotidien et le temps.

On en a pourtant écrit des pages,
Fait des périples et des voyages ;
On a ri, on a grandi ensemble,
On s'est confié, on s'est aimé,
On était heureux - il me semble.
Des milliers de photos,
De rêves, de souvenirs,
De projets et d'espoirs
Qui ne vont plus jamais grandir.

Je n'ai qu'une seule envie :
M'enfuir,
Prendre mes jambes à mon cou,
M'effondrer,
Pleurer beaucoup.

Il paraît qu'il faut parler,
Qu'il faut sortir pour s'exprimer,
Pour extérioriser
Les douleurs de son cœur
Et les larmes qui noient l'âme.
Il m'en a fallu du temps,
Mais enfin, je prends
L'encre et le stylo
Pour coucher ma peine,
Pour coucher mes maux.
Si aucun d'eux n'est mémorable,
Eux au moins auront leur mémorial.

Mes efforts sont bien futiles,
Je le sais ; le temps qui passe
Efface mon nom de ta mémoire ;
Il n'en reste déjà que quelques traces,
De l'air libre, beaucoup d'espace
Pour qu'un nouvel amour
Grandisse et voit le jour,
Pour qu'il rebatte les cartes,
Fasse battre ton cœur
D'une soudaine envie,
D'une nouvelle ardeur.

Malgré la peine, il paraît
Que la terre continue
De vivre et de tourner ;
Qu'avec le temps et les années,
La tristesse s'estompe
En une belle estampe.
Que le temps panse
Les plaies et les blessures,
Les peurs et les fêlures.

Mais cette fois, je ne veux pas
Avoir la force et la foi.
Cette fois, je veux tomber
Dans le vide, sans volonté.
Je veux me perdre et me noyer,
Ne plus jamais me retrouver.
À jamais je veux plonger
Dans mes rêves et dans tes draps,
Dans la chaleur de tes bras,
Pour embrasser une dernière fois
Cette douce folie,
Cette éternelle passion,
Qui étreignait nos cœurs
De la plus belle des lumières.

Il était une fée

Il était une fois une fée
Tout droit sortie
De son livre et de sa magie.
C'était un de ces jours radieux,
Ceux bien chauds, bénis des dieux,
Où notre fée volait transie,
Avide de joie, d'envie.
Tandis qu'elle volait,
Que l'ennui la gagnait,
Elle vit au loin,
Cachée dans un recoin,
Sa marraine la bonne fée.

Sans hésiter, elle s'envola,
Piqua et renversa
Sa tante la magicienne.
Endormie, mal peignée
D'être ainsi réveillée,
Elle s'écria et fit une scène :

« Qui a osé briser mes rêves,
Mes envies et mon sommeil ?
Par ma vie, cette âme, je la condamne
À errer à jamais,
À chercher et à trouver
Le vrai et grand amour,
Le bon, celui qui dure toujours. »

Surprise par la sentence,
Mais sûre de ses atours,
La fée s'en alla sans détour
Vers son bonheur,
Où l'attend sa moitié,
Son propre conte de fée.

Mais l'horloge est cassée,
Les temps ont bien changé,
Être une fée ne fait en fait
Plus aucun effet.
Bien vite elle se rend compte
Que les bons contes ne font plus
Les bons amants.
À corps perdu elle se lance
Dans la ronde, dans la danse,
Dans sa lumineuse quête.
Nuit et jour elle veille,
Discute et surveille
Tous ces profils qui l'émerveillent.
Ça y est ! C'est fait !
Elle a trouvé sa moitié,
Celle qui pourrait la compléter.
À tire d'aile, elle s'envole,
Les ailes couvertes de bleu,
De rose et de vermeil.

Elle avait tant confiance en elle !
Qu'elle ne fût pas sa déception
Lorsque surprise ! Elle trouva,
En lieu et place d'un bel amant,
Un homme chauve et bedonnant
Qui enjolive et qui ment,
Qui sans même la rencontrer,
L'avait déjà trompée !

Le cœur lourd elle s'envola
À la recherche d'une belle,
D'une authentique passion,
D'une histoire aussi belle
Que celle d'Adam et Eve,
De leur idylle, de leur éden,
De cet amour qui dure,
Qui aujourd'hui encore perdure.
Elle aussi veut connaître
Cette candeur, cette frénésie,
Cette douce folie
Qui illumine les jours
Et fait disparaitre la nuit.

Après bien des rencontres,
Des rendez-vous, des flirts,
De coquines fréquentations,
Ça y est ! Elle a trouvé le bon !
Vient le temps des tentations.
L'extase est proche de l'emporter,
Lorsqu'elle voit son amant cacher
Un petit anneau doré
Qu'il avait bien dissimulé.
Une fois encore, elle s'envola,
Le cœur gros,
Noyé de peine, de sanglots.

Avec horreur, elle sut
Qu'en ce bas monde
La magie n'était plus
Qu'un immonde songe,
Un grand mensonge
Dont personne ne s'éveillait.
Toute fée qu'elle était,
Elle n'est plus qu'un trophée
Qu'on apostrophe sans guillemet,
Une fleur qui se butine,
Un plat qui aiguise l'appétit
Des grands comme des petits.
Elle est une proie aux abois,
Celle que tous veulent attirer
Pour lui tirer les fils dans leurs filets.

L'histoire ne dit rien
De ce qu'il fût,
Ce qu'elle advint.
À en croire certaines rumeurs,
Fatiguée, la fée se meurt,
Le cœur brisé par ses erreurs.
Pour d'autres, elle s'est vautrée
Dans le stupre sans volonté,
Certains prétendent même avoir goûté
À sa fleur, à son parfum,
Au plus enivrant des nectars.
Bien peu peuvent dire
Si ces tristes histoires
Sont une réalité
Ou de simples racontars.

Mais si jamais un jour,
Vos pas vous mènent
Dans son triste royaume,

Dans son morne domaine,
Puissiez-vous l'aider et la délivrer
De ses nombreux démons,
De ses tristes addictions,
Et déposez un baiser,
En douceur, sur son front,
Pour la libérer de ces affronts.

L'instant
où tout a basculé

Je la revois encore sans effort, comme si c'était hier. Nous sommes au cœur de l'hiver, il est bien tard, dehors la nuit est froide et claire. J'erre dans les rues, sans but, à la recherche d'un paradis depuis longtemps perdu. Je rêve d'une belle rencontre comme celle des livres et des contes. D'une de ces histoires qu'on nous raconte le soir venu, celles où un parvenu parvient sans peine à séduire la reine de son cœur.

Mais la vie n'est pas ainsi, je l'ai appris depuis longtemps alors pour faire passer ma peine je me promène, sous le ciel et ses étoiles, avec l'espoir que l'une d'elle file, défie les lois du ciel, qu'elle lève enfin le voile, de ma vie, de mes espoirs, de mes envies.

Aucune lueur n'éclaire ma route, alors le cœur en proie au doute, je mets fin à mon tour quotidien. En silence, je rentre chez moi l'air de rien lorsque, soudain, une ombre retient mon attention. C'est là que je l'ai vue, au bout de cette courte et triste rue et tout de suite j'ai su qu'elle était la solution, la réponse à mes questions. À cet instant tout a lâché, la raison m'a quitté, elle a détruit, brisé tous les remparts de mon identité.

Je cours et m'approche près du porche où elle m'attend. Sans un mot, sans un bruit, je la contemple, elle soudain devenue la déesse de mon temple. Elle attire mon regard comme un phare perce le brouillard. Hagard, j'erre et me perds dans les volutes et les fumées de son hypnotisante beauté. Elle est ma muse, celle qui peut me sauver des pires tempêtes, des pires tourments. Sans vraiment savoir pourquoi, j'en tremble ; d'un geste, d'un signe, je lui fais comprendre qu'il n'est pas d'autres endroits où mon être désirerait être. Malgré le vent et le froid, malgré la fine couche de gel sur mes doigts, je ne sens plus rien si ce n'est une douce chaleur qui envahit mon cœur, de félicité, de bonheur.

Après quelques minutes à l'admirer, je doute et hésite. Est-elle vraiment celle qui pourra me libérer de toutes ces années de solitude pour m'emmener vers d'autres latitudes ? Mes sens sont ensorcelés par son odeur, par sa beauté. Elle est si blanche et belle, elle est telle que je l'imaginais, elle que je croyais ne jamais pouvoir approcher.

Alors sans hésiter je sombre dans l'ombre, dans son ombre. Je sens sa douceur sur mes lèvres, je vis mon rêve, mes sensations sont décuplées. Mon sang tape sur mes tempes, l'attente est entêtante alors, sans peur, je m'enivre un peu plus de son odeur. Je ne compte plus le nombre d'étreintes qui teintent mon corps. Mon cœur bats encore plus vite, encore plus fort, jusqu'à faire chavirer les travées de mon esprit.

Tout est flou, tout me fuit, je vois les choses au ralenti. C'est donc ça, le grand amour, celui après lequel tout le monde court. Ma vue se trouble, le souffle court, je suffoque. C'est donc ça cet émoi, celui qu'on ne connaît qu'une fois. Après des années, je le vis, mon conte de fée, il est en fait bien plus puissant que n'importe quel aimant, il m'attire dans ces filets pour qu'à jamais je reste à ses côtés.

En un instant vient la fin. De toutes mes sensations, de toutes ces étonnantes questions, il est désormais temps de payer l'addition de ma triste addiction. Le sens de mes sens s'inverse et se déverse pour me laisser hagard dans le noir. Mon corps en redemande encore, mon esprit, lui, sait qu'il est trop tard, que j'ai basculé dans le noir et l'obscurité.

Depuis ce soir, elle est présente à chaque instant dans mon sang, elle est ma raison de vivre, celle sans qui je ne suis rien, celle sans qui plus rien ne va. Car c'est bel et bien là qu'a commencé le plus dur des combats, elle est celle contre laquelle je me bats sans cesse, elle est ma plus grande détresse car peu à peu la déesse s'est transformée en fumée pour montrer son vrai visage - celui d'un monstre, celui de la poudre à laquelle je ne peux plus me résoudre.

Games Addict

Une vie qui tourne en rond puis en carré.
Comme je peux, je tente de m'évader
Par mes jeux et mes jouets.
Mes parents m'en ont parlé,
De ces signes qui m'interdisent
De jouer tout seul,
De jouer en ligne.
Mais je suis grand et libre,
Assez mature pour fuir
Leur humeur, leur dictature,
Pour vivre pleinement mon aventure.

La peur au ventre,
Je fais une croix sur ma raison.
J'entre dans l'antre,
Dans l'angle du triangle.
Le temps d'un chargement,
Comme chargés par un aimant,
Mes sens sont aiguisés.
Ma vue s'est accrue,
J'ai l'oreille absolue.
J'entends les bruits et les pas,
Les naissances et les trépas.
Dans la chaleur, dans le désert,
Mon esprit fend les airs
À la recherche d'un ami,
D'un adversaire.

Je suis soudain soldat,
L'arme en main,
Tueur sans lendemain.
Je vois la peur dans mon viseur.
Une seconde, une erreur,
Une balle qui fend le cœur.
L'horreur est permise
Car c'est sur ma vie que je mise.

En un instant tout s'enflamme,
Les tirs m'assaillent,
Taillent ma peau en un sombre drapeau,
Fait de douilles et de sang.
Mais mon sort n'est pas scellé,
La course au score ne fait que commencer.
Parfois caché, souvent à découvert,
Je parcours les cartes et les terres,
Le doigt fixé sur la gâchette,
Avec une seule idée en tête :
Emporter tous les trophées,
Être reconnu, apostrophé.

Bien vite, je perds le compte
Des jours et des heures ;
C'est ma faute et mon erreur.
Trop de temps, j'ai passé
À courir et à tirer,
À mourir et à tuer,
À jouer avec le feu,
Avec mon sang et ma santé.
Je n'étais pas si fort,
Et mon corps si pacifiste
Est tombé sous l'effort.

Depuis, chaque nouveau jour,
J'entends des cris et le bruit sourd
De la guerre et ses tambours ;
Chaque nuit, les insomnies
M'acculent, me mettent à nue ;
Je transpire et je sue…
Si seulement j'avais su
Que ma vie valait bien plus,
Bien plus qu'un simple jeu.

Un monde en guerre

Perdu dans le brouillard,
Le regard vide, le pas hagard,
Je déambule, au hasard,
Dans les ruines et les couloirs,
Au travers de sombres dortoirs,
De leur odeur teintée de peur et d'urine.
C'est fou comme tout s'empire,
Chaque jour sent pire que la veille.
Dans les champs et les ruelles,
Les cadavres s'amoncellent
En de tristes monceaux de chairs,
Victimes d'une dictature,
Chaque jour un peu plus dure,
Plus sanglante et plus cruelle.

J'entends des tirs et des tanks,
Un bruit de fond et de folie :
Celui des bombes qui grondent,
Celui des hommes qui tombent,
Celui des combats
Qui ne cessent pas.

L'horizon est lui masqué,
Par le gaz et la fumée.
À la télé, toutes les chaînes
Filment la guerre et la haine,
Sans peine ni compassion
Car les passions brassent des millions.

Les yeux rivés sur l'écran,
Je reconnais la rue, les bâtiments ;
Par réflexe, je sors à ma fenêtre.
Parmi les décombres et les flammes,
Je distingue une silhouette,
Plutôt petite, pas vraiment nette ;
Transie de peur, elle accourt,
Le souffle court, elle traverse
L'averse de grêle et d'acier.
De toutes mes forces, je crie,
J'agite les bras, de haut en bas.
Au loin, je vois un homme, une caméra,
Son triste œil rouge braqué sur moi.
Je suis le centre de l'attention,
L'épicentre de la tension.
Je vois ma tête par la fenêtre,
Dans cet écran si important.

L'image se brouille, se fixe :
Je la vois enfin prête
À reprendre sa course et son élan.
Les balles sifflent par centaines
Hurlent leur fureur et leur haine,
Pour arrêter sa course et son cœur.

La peur au ventre, elle court,
Le souffle court, elle enjambe
Les débris et les corps.
Chaque pas la rapproche
De ma maison, de mon porche,
De ma porte et son salut :
La seule chose qu'elle garde en vue.
Soudain tout bascule.
Dans le ciel, un avion.
Dans la rue, une rafale.
Loyal sujet, le plomb fond,
Invisible, avec aplomb,
Sur les murs et ma maison.
Il s'empare de ma vie, de ma raison.
Le sang tâche mes habits,
Je tombe à terre, main sur le cœur,
Je sens venir ma dernière heure.
En silence, en douleur,
Je hèle et je quémande
Une aide, une réaction,
Avant que la mort ne se répande,
Qu'elle ne tisse sous ma peau
Sa triste toile,
Son étoile et son drapeau.

Mais aucune main ne vient,
Seul un œil rouge bouge dans le vent.
La vie n'a pas de prix,
Je l'apprends à mes dépends
Quand en direct je vois l'image :
Mon visage sur les écrans.

Mon sang s'étend et m'étouffe,
Voici venir mon dernier souffle ;
Je l'entends clairement,
En boucle, en écho,
En direct,
En stéréo...

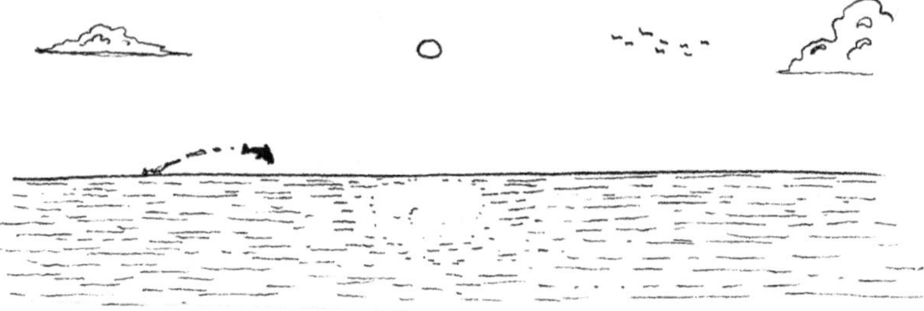

L'Héritage

Parents, vous qui êtes partis
Après une belle et longue vie,
Retournez-vous et contemplez
Nos chemins, notre destinée.
Nous qui marchons dans votre ombre,
Dans vos traces bien dégueulasses,
Dans vos chasses d'eau et vos déchets,
Dans vos égouts, vos caniveaux.
Vos ordures ont recouvert
Les fleuves et les rivières,
Les ruisseaux, les océans.
Contemplez nos vies et nos pas,
Nos traces qu'un rien n'efface.
Regardez la fumée
De nos poumons enfumés.
Vous qui avez transformé
Nos espoirs en fumier,
Faits de vos enfants gâtés
De triste réfugiés.

Si les vainqueurs écrivent l'histoire,
Alors nous avons tous perdu ;
Nous qui sommes morts avant d'être nés,
Nous qui ne sommes
Que la somme de vos erreurs ;
Vous qui de très bonne heure
Avez parié
Sur nos vies et notre avenir :
Vos dés ont remplacé nos astres,
Nous ont mené vers le désastre,
Vers une terre en mal d'air,
En mal d'eau et d'espoir.

Qu'avez-vous fait
Quand Kyoto est tombé à l'eau,
Quand la COP a écopé
De votre silence, de votre mépris,
Sans réduire votre train de vie,
Vos impossibles envies
Dont vous n'aviez aucun besoin,
Quand tant d'autres avaient faim ?
Chaque jour l'eau manque,
Tous les jours les prix augmentent,
Les taux grimpent à grands coups d'intérêts,
Resserrant l'étau qui nous enserre,
Nous prennent les tripes jusqu'aux viscères.

Les mers ont recouvert les terres,
Rendant des mères amères,
Laissant des pères sans repère.
Les catastrophes rythment mes strophes,
Chaque jour, elles m'apostrophent.

Comme les forêts, les prairies sont parties,
De Sidney à Rio,
De l'Amazone à l'Australie ;
Triste trophée que remporte l'humanité,
Emportée par ses pires vices
Qui, aujourd'hui encore, sévissent.

L'encre me manque :
Encore une ressource
Dont la source s'est épuisée ;
Vous y avez bien trop puisé ;
Son flot s'est tari, il s'est brisé.
Tel est votre héritage,
Que vous avez légué sans partage,
À nous qui ne pouvons même plus
Laisser une trace de notre passage
Sur cette terre, sur cet enfer,
Que vous n'aurez jamais pavé
De vos bonnes intentions.

Résolutionnons-nous !

Parce qu'il faut savoir prendre de bonnes résolutions au moins une fois dans sa vie, pour cette nouvelle année je souhaite :

Faire la paix dans le monde
Faire l'amour dans le monde
Décapsuler une blonde
Prendre une rousse et un Larousse
Découvrir mon karma sous crack
Faire un Kaméhaméha

Hanter des châteaux en L
Faire des pyramides tout en carton
Faire des murs et du plâtre
Voir Toutankhamon et Cléopâtre

Faire cuire des pâtes
Les rater, être dépité
Boire un thé à l'eau gazeuse
Gazer sa salle de bain
Atteindre le point Godwin
De bon matin jouer à *God of War*
Revoir *Lord of War*
Me rappeler le talent de Nicolas Cage

Puis me souvenir de *Benjamin Gates*
De *Ghost Rider* et *Prédiction*

Vomir

Toujours jouir et se réjouir
Jouer sur les mots
Rire des gays et des gros
Des jaunes et des négros
Négliger mon espérance de vie
En n'étant pas rigolo
Vivre selon mes rêves et mes envies
Prendre une Tesla et un Mars
Aller sur Mars avant avril
Écouter Avril Lavigne
Faire des selfies avec Curiosity

Rester le nez en l'air à ne rien faire
Prendre le temps d'y penser
Ne rien faire toute une année
Boire pour oublier
Avoir vraiment tout oublié
Encore une fois recommencer
Pour une nouvelle année !

Alexandre

I

Ô qu'il s'en est passé, des siècles, des années,
Depuis les premiers mots, depuis les premiers nés !
De la belle Iliade à la grande Odyssée,
Nombreux sont les exploits qui ont été contés.
Depuis le premier jour, ils ont teinté nos rêves,
Ils ont guidé nos pas, assuré la relève.

Ô pauvres innocents, vous avez bien mérité
De connaître la vraie, l'amère vérité !
Nombre de grands auteurs sont des bonimenteurs,
Des fous, de beaux parleurs, de sacrés imposteurs.
Qu'ont fait tous ces poètes, ces tristes girouettes ?
Ils ont dupé nos têtes de faux bien malhonnêtes.
Ils ont vendu leur plume, ils ont noirci leur âme
Pour une vie de rêve, pour éviter les drames.

Ils ont dépeint la guerre, les héros, les exploits
Des grands rois de naguère, leurs défaites parfois,
Pour flatter leur désir, leur futile vanité,
Pour rester dans l'histoire, les cœurs et les mémoires.
Il est plus d'une fois où ils nous ont trompés,
Où ils nous ont mentis, où ils nous ont spoliés.
Pour leur propre prestige, ces biens viles charognes,
Ils ont brisé nos rêves, sans aucune vergogne.

Avide de vérité, armé de mon courage,
C'est en d'élégants vers, en homme libre et sage,
Que je mets en lumière, que j'expose leurs songes,
Leurs fausses vérités, leurs erreurs, leurs mensonges.
Sur une autre page, je vais, d'une voix claire,
Vous conter l'histoire, la grande et la prospère,
Du beau, de l'éminent, du plus grand conquérant,
Du génie d'antan qu'est Alexandre le Grand,
Lui qui jadis est né si loin de nos contrées,
De nos puissants pays, de leurs nobles comtés.
Le ciel est son berceau, le soleil son traîneau
Et la gloire l'aura mené jusqu'au tombeau.
Beaucoup l'ont envié, l'ont aimé ou haï,
Trop peu l'ont soutenu, en nombre ils l'ont trahi.
En silence dans l'ombre, ils ont tissé, tramé,
Ils ont pavé sa route, de mille et un dangers.

Pendant bien des années, sans répit, il mena
La plus grande quête, le plus dur des combats
Pour traverser déserts, oasis et mers,
Pour conquérir la terre, ses monts et ses rivières.
Du fer et de l'épée, il a défié l'enfer ;
Il a fauché des blés, il a gravé la terre ;
Il a tatoué des peaux et levé des drapeaux ;
Il a conquis des terres, élevé des châteaux
Pour créer le plus beau, le plus grand des empires,
Le jardin légendaire qui ne saurait mourir.
Sur la terre, dans les cieux, il a laissé sa marque
D'empereur, de beau prince et d'illustre monarque.
Il est bien plus qu'un roi, un des grands pharaons ;
Il est le dieu soleil, le descendant d'Amon ;
Il est le fondateur, la lumière, le phare
D'Alexandrie la belle, tour d'ébène, d'ivoire.

Si les siècles passent, jamais son souvenir
Ne sera oublié, ne pourra se ternir.
À jamais il sera le chemin et la voie,
Celui qu'il faut suivre, qui nous donne la foi.
Il est notre soleil, notre astre et notre père,
Notre fragile asile, notre certain repère.
Il est notre remède, celui qui dit vrai,
Lui qui toujours sépare le bon grain de l'ivraie.
À mon tour, sans détour, je vous le laisse en gage,
Mon souvenir intact et ce grand héritage,
Pour qu'à jamais son nom soit aimé et chanté,
Pour que toujours les faux soient punis et châtiés.

Qu'on m'aime ou me méprise, qu'on me traite de fou,
Humble je vous délivre mon précieux bijou.
Dans toute notre histoire, à jamais je serai
L'unique, le premier, le sage et le discret
À avoir capturé la nature et l'essence
Des mots et de leurs sens, de leur vie, leur naissance ;
Qui aura su fixer leur grâce et leur beauté.
Qui saura si mes vers peuvent parler ou plaire
À mes amis, mes pairs, à mes aïeux, mes frères ?
Deux paires symétriques en de nouveaux quatrains,
Inédite métrique pour un joyeux entrain :
Quels beaux alexandrins, pour toi, Alexandre Un !

Depuis bien trop longtemps j'étouffe,
Moi qui recherche un nouvel air.
Je veux pouvoir être
Comme ces conteurs,
Tous ces anciens poètes
Qui, de leur plume et leur encre,
Construisent des rêves et des temples ;
Eux qui deviennent au gré du temps
Des idoles, des géants,
Que tous adulent et vénèrent.

Peu importe la durée
De ma peine et sa sentence,
À tout prix je veux suivre
Leur glorieuse vie, leur bel exemple.
Je veux faire enfin partie
De ceux qui comptent,
Être celui que tous contemplent,
Les yeux brillants, émerveillés,
Devant tant de talent,
De rimes et de beauté.

Solitaire, je m'isole,
Sans hésiter, je m'envole
Au cœur de la tempête,
Au sommet d'effarants phares,
Avec une seule idée en tête :
Écrire pour raconter,
Écrire pour exister.

Après bien des années,
Bien des saisons et des mois,
Passé à écrire
Dans la sueur et l'émoi,
Dans la solitude et l'effroi,
Seule l'encre s'est desséchée,
Seules mes larmes ont coulé.
Aucune de mes lignes n'est digne
De figurer dans les annales.

Après un ultime hiver,
Passé à lire, à boire,
Pour oublier mes rimes, mes déboires,
Plus rien ne me retient
Et lorsqu'enfin revient l'été,
Je quitte sans peine
Ma tour, ma vigie,
La prison de mon esprit.
De mon plein gré,
De toute ma volonté,
Je m'enterre et prends racine
Au milieu des champs et des blés,
Pour m'imprégner du souvenir
De toutes ces voix qui ne sont plus,
De toutes ces voix qui se sont tues.

Postérité

Chaque nouveau jour, j'erre
À la recherche d'un brin d'air,
D'une passion, d'une infime inspiration.
Je n'y croyais plus ;
En un éclair elle m'apparut
Une lumière, une fulgurance,
Un mot passant,
Une brillante rime qui file,
Défiant toutes les lois
De la nature, de la raison.

Il paraît que certains préfèrent
Se vider la tête et ne rien faire,
Fixer le vide tout fier.
Mais si c'est bien beau - de l'air ! -
J'ai toujours préféré
M'abreuver à l'eau du ruisseau,
À l'ombre d'un pré vert,
Plutôt que de dormir
Épuisé au cœur du val.

J'ai toujours aimé ces airs,
Ces mélodies, ces chansons populaires,
Et si, par hasard,
Quelqu'un passe par là,
Qu'il admire beaucoup la scène
Et tombe en amour,
Je veux qu'il s'en souvienne
De cette joie souveraine.

Que vienne l'ennui et sonne l'heure,
Que les jours passent, elle demeure
Un souvenir gravé, cher à son cœur.
Même si le temps file,
Qu'il éteint peu à peu
La chandelle de ma vie,
De mes espoirs et mes envies,
Quand je serai seul et vieux,
Triste et frileux,
Je repenserai à cet instant
Et, le cœur léger, je pourrai chanter :
« Comme j'étais heureux en ce temps. »

Avec stupeur, je m'éveille
De ce long songe,
De cet étrange sommeil.
Ça y est, je l'ai trouvée :
Ma muse, ma bien-aimée,
Ma plus belle inspiration !

Bien vite, je dois rentrer,
Coucher toutes ces idées
Sur le lin ou le papier.
« Allez fouette, cocher !
J'ai des vers à déclamer ! »
J'ai beau héler, j'ai beau crier,
Hurler des « Hue » et des « Go »,
C'est à l'échafaud que ces chevaux,
Que ces tristes ânes me condamnent !
Après mille et un détours,
Me voici de retour
Avec une seule idée en tête,
Trouver les bons mots,

Le bon remède,
Celui qui me mènera
Au Panthéon,
Près des Champs Élysées,
Où festoient tous mes glorieux aînés.
J'en ai noirci des pages,
Je l'ai écrit, mon ouvrage.
C'est avec fierté que pour vous,
Je lève enfin le voile ;
Que sans pudeur, je le dévoile,
Par son nom et son titre.
Bien loin du ridicule,
Sobrement, il s'intitule :
La Poésie pour les Nuls

Note : *Des références à des poètes et poèmes connus se sont glissées dans ce texte. Saurez-vous les retrouver ?*

Pensées aléatoires

Une simple envie d'écrire,
De jouer avec les mots,
Qu'ils soient petits ou gros,
Dans un monde qui se veut
Propre et sans plomb.
Les mots tuent pourtant avec aplomb,
Ils s'affichent en lettres capitales
Aussi belles que fatales.
Certains en usent,
D'autres en abusent,
Les utilisent pour mieux subtiliser
Des rêves ou des données.

Je pourrais, moi aussi,
Me prêter à l'exercice,
Me glisser dans l'interstice,
Mais ce serait trahir leur sens,
Leur message, leur essence.

Si je m'épanche sur ces pages,
C'est pour en extraire
Le meilleur des cépages ;
Et si je me perds dans ses vers,
Que toujours je persévère,
C'est pour atteindre le mot qu'il faut,
La rime ultime,
La perfection, la quintessence,
La plus pure des essences,
Celle qui fait vivre et qui enivre.

Jour après jour, je poursuis
Mon œuvre et mon ouvrage :
En silence dans ma cage,
Je me remets au bouleau
Pour devenir un nouvel hêtre,
Me défaire de mes chênes
(Je le vois, mon rêve est cyprès !).
Comme le roseau, je ne peux plier.
Je les vois tous ces hectares
Qui peuplent la forêt de mes espoirs.

Ce que tu lis là,
Peut-être qu'un jour tu l'oublieras.
Ce ne sont que des simples pensées,
Jetées sans ordre sur le papier.
Peu importe la portée
De ma plume, de ma pensée,
Malgré toutes mes prières,
Mes illustres combats,
Jamais le succès ne viendra.
Peu à peu, pas à pas,

Le temps nous assassine et nous décime
Jusqu'à la dernière décimale ;
Et si ça fait si mal,
C'est que l'espoir s'est fait la malle.
Dans ce monde où tout empire
Le temps nous trompe,
Nous mène droit à la potence
(C'est en tout cas ce que mes potes pensent).
C'est le début, c'est la fin,
Cet éternel refrain,
Ce même danger qu'on a tellement chanté,
Que même le loup s'en est allé.

Comme beaucoup j'espère,
J'aligne les lignes
Pour égayer mon cœur,
Pour soulager mes peurs.
C'est la fusion de styles,
Un mélange de poésie et d'hérésie,
Comme Jésus-Christ qui prie et crie,
Épris de vie, nu sur la croix ;
J'écris et vis la nuit
À m'en faire mal aux doigts,
Pour oublier ma condition
D'homme et de mortel,
Pour enfin être immortel,
Pour traverser l'espace et le temps,
De ma plume et de mon talent.

l'Art est mort

Certains disent que l'art est mort,
Que l'art est triste,
Que l'art s'étend
En un étang de larmes ;
Qu'il gamberge
Le long des berges,
La larme à l'œil
Sur le seuil,
Pleurant les vrais artistes.

Certains disent que l'art est mort,
Qu'il n'est plus qu'un artifice,
Qu'il a renié ses fils
Qu'il les a jetés sans pitié
Dans l'ombre et les abysses.

Certains disent que la peinture
Est jetée en pâture,
Qu'elle a perdu sa gouache,
Sa majesté, son panache.

Certains disent que les auteurs
Ne sont plus à la hauteur ;
Qu'en silence, ils se meurent,
Que les bons mots leur font défaut,
Qu'ils répandent leurs mensonges :
Idéologues des mauvais songes.

Certains disent qu'il est bien terminé,
Le fameux temps où l'art régnait.
Cette céleste araignée
Tissait sa toile
Des murs aux plafonds,
Du fond des plats
Aux plus bas des bas-fonds.

Certains parlent et médisent
Mais la plupart s'interdisent
De voir l'art qui se modernise.
Chaque jour, il évolue,
Passe du tableau à la rue ;
Il égaie les ruelles
Sans pioche ni truelle.
Parfois, il innove ;
Souvent, il rénove
Les maisons et les vies
Les rêves et les envies.

L'art est une révolution,
Un monde en mutation,
Une ère qui passe
Sans présent, sans passé
Mais qui reste en mémoire.

L'art du futur
Sera plus dur,
Sans compromis
Ni concession.

S'il faut faire une offrande
Aux vieux démons,
Au dieu des mots ;
S'il faut donner à l'art :
Je donnerai mes livres et mes dollars,
Tous vos Monnet, vos Solaar.

Le même or noir, les mêmes histoires,
Coulent dans nos vies
Comme dans nos veines ;
La même passion,
Les mêmes écueils,
Les mêmes doutes,
Le même orgueil.

Et si parfois j'ai le dos large,
C'est pour mieux marquer ma peau,
Au feutre, sans faute,
À l'encre de mes rêves.

Si l'art est vraiment mort,
Je noircirai son corps,
Je cracherai mes rimes
Et en suerai encore,
De ma passion, de mes humeurs,
De ma haine, de ma rancœur,
Jusqu'à l'ultime seconde,

Jusqu'à ce que je m'effondre
En morceau ou en poussière,
Au paradis ou en enfer.

Dépôt Légal : Février 2021